세상에 하나뿐인
─────────에게
세상에 하나뿐인
이 책을 드립니다!

일러두기

1. 이 책의 맞춤법은 표준국어대사전을 따랐으며, 번역은 오늘날에 쓰이는 쉬운 우리 말 위주로 풀어썼습니다.

2. 이 책은 프리드리히 빌헬름 니체(Friedrich Wilhelm Nietzsche)의 《차라투스트라는 이렇게 말했다(Also sprach Zarathustra)》에서 한국인이 가장 좋아하는 문장들만 선별해 소개했습니다. 또 책의 전체 내용이 기승전결로 이어지도록 구성했습니다.

3. 이 책에 실린 문장들의 필사를 마치면, 세상에 하나뿐인 나만의 손글씨로 쓴 필사본을 소장할 수도 있고, 사랑하는 가족과 연인, 지인에게 선물할 수도 있습니다.

명저필사 2

하루 한 장
내 삶에 새기는
니체

《차라투스트라는 이렇게 말했다》 따라 쓰기

Friedrich Nietzsche
Also sprach Zarathustra

프리드리히 니체 지음

일상이상

세상에 하나뿐인
나만의 필사본을 완성하기 전에

필사가 왜 유용할까요?

기억하실지 모르겠지만 초등학교에 입학하면 누구나 받아쓰기를 했습니다. 처음에는 선생님이 불러주는 단어를 받아 적었고, 나중에는 제법 긴 문장까지 받아쓰기했습니다. 학교에서는 왜 받아쓰기를 시켰을까요? 바로 올바른 단어와 문장을 오래도록 기억하고, 어휘력과 문장력을 기르기 위해서입니다.

정확하고 좋은 문장을 쓰기 위해서는 글이나 책을 읽는 것도 중요하지만 여러 번 써 봐야 합니다. 읽기에만 그친다면 시간이 지나서 글이나 책의 내용이 하나둘 기억에서 사라집니다. 반면에 읽은 문장을 받아 적으면 세월이 흘러도 그 내용이 오래도록 기억되고, 문장에 담긴 뜻을 보다 깊이 이해할 수도 있습니다. 그래서일까요? 얼마 전부터 책을 읽는 데 그치지 않고 필사까지 하는 분들이 크게 늘고 있습니다.

사실 필사는 글을 잘 쓰기로 유명한 작가들도 습작기에 필수적으로 합니다. 좋은 글을 눈으로 읽는 데만 그치지 않고 필사까지 하면 자연스레 문장력이 향상되기 때문입니다. 실제로 작가지망생이나 문예창작과 학생들은 시나 소설 등 좋은 문학작품을 필사하고 문장력을 기르기도 합니다.

　굳이 시인이나 작가가 되려 하지 않더라도 필사를 하게 되면 여러 가지 장점이 있습니다.

　첫째, 언어 능력이 향상됩니다. 필사를 하면 어휘력이 좋아지고, 문법에 맞는 정확한 문장을 사용하게 됩니다. 당연히 문장력도 좋아집니다.

　둘째, 눈으로 읽는 것보다 기억에 오래 남습니다. 우리의 뇌는 듣는 것보다 보는 것을 더 오래 기억하고, 보는 것보다 쓰는 것을 더 오래 기억합니다. 눈으로 읽은 문장을 손으로 쓰다 보면 훨씬 오래 기억에 남게 됩니다.

　셋째, 집중력이 향상됩니다. 학창시절에 영어단어를 외울 때 여러 번 노트 등에 쓰다 보면 단어 암기가 잘되었죠? 눈으로 읽기만 하는 것보다 단어 암기도 보다 빨리 되었을 겁니다. 손으로 글을 쓰는 행위는 자연스레 집중력이 요구되므로, 필사를 하면 집중력을 키울 수 있습니다.

　넷째, 창의적인 문장을 쓸 수 있습니다. 시와 소설 등 문학작

품뿐 아니라 철학과 역사 등 좋은 책에는 저자 나름의 향기가 납니다. 다양한 스타일의 문장을 읽고 필사하다 보면 자기만의 개성 넘치는 문장을 쓸 수도 있습니다.

　다섯째, 심리적인 안정을 도모할 수 있습니다. 한 글자 한 글자 손으로 쓰는 행위를 하다 보면 일상의 근심과 걱정이 자연스레 사라지고, 또박또박 예쁜 글씨로 완성된 필사본과 만나게 되면, 성취감 또한 생겨날 겁니다.

　이 책은 프리드리히 빌헬름 니체(Friedrich Wilhelm Nietzsche)의 《차라투스트라는 이렇게 말했다(Also sprach Zarathustra)》에서 한국인이 가장 좋아하는 문장들만 선별해 소개했습니다. 또 책의 전체 내용이 기승전결로 이어지도록 구성했습니다. 이 책에 실린 문장들의 필사를 마치면 《차라투스트라는 이렇게 말했다(Also sprach Zarathustra)》의 주옥같은 문장들과 핵심 내용을 오래도록 기억할 수 있을 겁니다.

　자, 그럼 우리가 필사하려는 책의 저자인 니체가 어떤 삶을 살았고, 그의 철학과 사상은 어떠한지, 《차라투스트라는 이렇게 말했다(Also sprach Zarathustra)》는 어떤 책인지 살펴볼까요?

니체의 삶

1844년 10월 15일, 프로이센(현재 독일) 작센 지방의 작은 마을 인 뢰켄(Röcken)에서 루터교 목사의 아들로 태어났습니다. 니체 의 아버지는 뇌 질환으로 1849년에 세상을 떠났고, 어린 남동 생은 1850년에 죽었습니다. 그 후 가족이 나움부르크로 이사를 갔고, 그곳에서 친할머니와 어머니 프란치스카, 두 명의 고모, 두 하녀와 함께 살며 어린 시절을 보냈습니다.

1851년, 소년학교에 다닌 뒤 사립학교에 다녔습니다. 1854년, 나움부르크에 있는 돔 김나지움에 다니기 시작했는데, 음악과 언어 분야에서 눈에 띄는 재능을 발휘하기 시작했습니다. 1858 년, 세계적으로 유명한 슐포르타에 입학했으며, 1864년까지 그 곳에서 공부하며 시를 짓고 음악을 작곡하는 데 재미를 붙였습 니다. 특히 고대 그리스와 로마에 대해 배웠는데, 그전까지 시골 의 작은 마을에서 기독교적인 환경에서 자라던 그에게는 새로 운 경험이었습니다.

1864년, 슐포르타를 졸업한 후 본대학교에서 신학과 고대 철 학을 공부하기 시작했습니다. 그러나 한 학기만 공부하고 신학 공부를 중단했고, 어머니의 반대를 무릅쓰고 기독교 신앙도 버 렸습니다. 1865년에는 쇼펜하우어의 책들을, 1866년에는 프리드 리히 알베르트 랑게의 《유물론의 역사와 그 현재적 의미에 대한 비판(Geschichte des Materialismus und Kritik seiner Bedeutung in der Gegenwart)》을 읽고 신선한 충격을 받았습니다. 두 사람의 책들은 니체로 하여금 철학을 넘어서는 영역까지 확장하도록 자극을 주었습니다.

1867년 10월, 군대에 입대해 나움부르크에서 프로이센군 포병으로 복무했습니다. 1868년 3월, 말을 타다가 사고를 당해 가슴을 심하게 다쳐 후송되었습니다. 이후 군 복무를 마쳤습니다.

다시 학업을 이어간 니체는 프리드리히 빌헬름 리츨 교수에게 철학을 배웠습니다. 1869년, 리츨 교수의 추천을 받아 스위스 바젤대학교의 고전문헌학 교수가 되었습니다. 바젤대학교 교수가 된 후 프로이센의 국적을 버렸습니다. 바젤대학교에서는 신학과 교수인 프란츠 오버베크와 어울렸으며, 그와 일평생 친구로 지냈습니다. 또 1868년부터 음악가 리하르트 바그너와 알고 지냈는데, 바젤대학교 교수로 활동하면서부터 바그너와 매우 친밀한 사이가 되었습니다. 이후 니체는 바그너의 뛰어난 제자로 인정받았지만, 바그너가 갈수록 기독교에 빠져들자 그와 결별했습니다.

1869년, 라이프치히대학교에서 박사 학위를 받았습니다. 1872년, 《비극의 탄생》을 출간했습니다. 1873년, 《반시대적 고찰》을 출간했습니다. 1878년, 니체 특유의 경구가 가득한 《인간적인, 너무나 인간적인》을 출간했습니다. 1879년, 건강이 나빠지면서 바젤대학교의 교수직을 사임했습니다. 사실 그는 어릴 적부터 병치레가 잦았는데, 가끔 두통이나 복통을 겪기도 했습니다. 1868년의 낙마사고 이후 생긴 후유증 때문에 건강이 악화되었기 때문입니다.

이후 유럽 각지를 돌아다니면서 집필에 몰두하기로 결심했습니다. 1881년, 프랑스가 튀니지를 점령하자 튀니지로 여행하기로 마음먹었습니다. 하지만 건강이 악화되어 그 계획이 이루어지지 못했습니다. 건강이 안 좋은데도 불구하고 1881년에 《아침놀》, 1882년 《즐거운 학문》, 1883~1885년 《차라투스트라는 이렇게 말했다》, 1886년 《선악의 저편》, 1887년 《도덕의 계보학》을 집필했습니다.

1889년 1월, 이탈리아 토리노에서 정신을 잃고 쓰러진 후 정신병원에 입원하여 생애의 마지막 10년을 보냈습니다. 정신병원에서도 병세가 나아지지 않고 정신 발작을 일으켜 완전히 정신을 잃게 되었습니다. 이후 어머니와 함께 예나에서 살았는데, 어머니가 죽자 누이동생 엘리자베스가 니체를 바이마르로 데려왔습니다. 1900년 8월 25일, 바이마르에서 세상을 떠났습니다. 그의 시신은 고향의 아버지 묘 옆에 안장되었습니다.

니체의 철학과 사상

니체는 "행복이란 자신의 삶이 가리키는 하나의 목표를 찾아
내어 풍요로운 기쁨을 느낄 수 있는 것"이라고 말했습니다. 자신
의 의지대로 진정한 '자기 자신'으로 살아가면 행복할 수 있다고
본 것입니다.

그럼 어떻게 하면 자기 자신으로 살아갈 수 있을까요? 인간
은 일평생 병든 상태와 건강한 상태를 넘나들며 살아갑니다. 니
체에 의하면, 인간이 병들어 있는 것은 자기보존본능이 쇠퇴해
있기 때문입니다. 정신이 병들고 약해졌을 때는 무기력해져 허무
속에서 살아가면서, 자기 자신이 누구인지 알지 못하며 알려고
하지도 않습니다. 이로 인해 더 무기력해집니다. 반면에 정신이
건강하고 강해졌을 때는 의욕적으로 자신의 사명을 수행하고자
하며, 이를 통해 자기 자신이 진정 원하는 바를 깨닫습니다.

그렇다면 어떻게 해야 병에서 회복하여 건강을 되찾을 수 있
을까요? 니체에 따르면, 자기 자신의 존재를 하나의 숙명처럼 받
아들이고, 진정한 자기답게 살아가는 사명을 완수해야 합니다.
그 과정에서 여러 고통이 따르는데, 이를 스스로 극복하려는 의
지를 지녀야 합니다. 이러한 사람은 일부러 고통을 찾아 모험을
나설 정도로 의지가 강합니다.

아모르 파티(Amor Fati), 운명을 사랑하는 사람이 건강한 사람

입니다. 건강한 사람은 자신에게 주어진 운명에 맞서 모든 고통을 필연으로 여기고 사랑합니다. 이러한 사람은 삶에 대한 의지가 강하고, 삶을 놀이처럼 즐깁니다. 이러한 사람에게 삶은 행복 그 자체입니다.

그런데 니체가 살아 있을 당시 그의 철학과 사상은 철저히 무시당했습니다. 종교계와 도덕주의자들로부터 혹평을 받았으며, 사회를 타락시키는 악의 축이라는 비난을 받아야 했습니다. 하지만 그는 세상을 떠난 뒤 유럽의 철학과 문학에 크나큰 영향을 미쳤고, 오늘날에는 19세기를 대표하는 최고의 철학자로 평가받고 있습니다. 니체의 철학은 온갖 권위에 불복했던 쇼펜하우어와 마찬가지로 기존의 근대철학을 뒤엎었습니다. 니체는 프로이트, 마르크스 등과 함께 근대철학을 뒤엎은 사상가로 인정받게 되었습니다.

그는 기존의 도덕적 세계관이 우리의 삶을 옥죄고 있다고 생각했습니다. 플라톤과 공자, 기독교의 세계관을 부정하고, 이것들이 우리 삶을 억압한다고 주장했습니다. 니체는 현실세계와 이데아(유토피아)를 구분한 플라톤의 이원론적 세계관이 기독교에 영향을 주었고, 인식의 주체와 대상을 구분한 데카르트의 이원론 등 근대철학에도 영향을 주었다고 보았습니다.

니체는 이러한 이원론적 세계관에서 벗어나고자 했습니다. 이 세상에 절대적인 진리는 없으며, 단지 진리를 추구하는 힘만이 있다고 주장했습니다. 그는 유토피아적 이상세계는 허구이며, 오직 현실세계만 존재한다고 보았습니다. 그는 "신은 죽었다"고 주장했는데, '신의 죽음'이란 종교 혹은 이상주의가 상실된 상태를 가리키는 표현입니다. 달리 말해, 종교 혹은 이상주의가 사라지고 허무주의가 나타나는 시대를 가리키는 것입니다. 허무주의가 횡행하는 시대에는 다음과 같은 질문을 하게 됩니다.

"삶의 최고가치가 상실된 상태에서 개인은 어떻게 살아야 할 것인가?"

니체는《선악의 저편》에서 자기 자신을 '철학자 디오니소스의 제자'로 소개했습니다.

> "나는 디오니소스 신의 마지막 제자이자 정통한 자이다. 나는 기어이 한 번쯤 내 친구인 그대들에게, 나에게 허락하는 한, 이 철학을 조금은 맛보게 하는 일을 시작해도 좋을 것이 아닌가?"

니체는 '디오니소스'가 그리스 비극의 정신을 상징한다고 보았는데, 그리스 비극의 정신은 절대적인 진리나 도덕, 가치 같은 것이 존재하지 않는다고 보는 니힐리즘을 바탕으로 삼고 있습니다. 그리고 니체의 니힐리즘은 현실의 고통을 강한 의지의 힘으로 승화하려는 삶의 태도를 보입니다. 이러한 태도를 보이는 존재가 바로 우리 말로 '초인'으로 번역되는 '위버멘쉬(Übermensch)'입니다. 위버멘쉬는 '뛰어넘는(Über) 인간(mensch)'을 뜻합니다. 다시 말해 극복하는 인간이며, 극복함으로써 창조하는 인간입니다. 위버멘쉬는 근대적 가치와 도덕, 신앙을 뛰어넘는 인간이기도 합니다. 그렇다고 위버멘쉬가 초월적, 신적인 힘을 갖춘 존재를 의미하는 것은 아닙니다. 기존의 가치관 및 세계관을 극복하고 새것을 창조하는 인간을 의미합니다. 위버멘쉬는 다음과 같은 특성이 있습니다.

첫째, 대지(현실세계)를 사랑합니다. 현실을 부정하고 천국의 희망을 말하는 종교인들의 감언이설에 귀 기울이지 않고, 지금 살고 있는 대지(현실세계)에 충실합니다. 위버멘쉬는 가장 성품이 좋은 사람이며, 의지도 강합니다. 이러한 위버멘쉬는 천국(유토피아)을 동경하지도 않고, 현재 살아가는 이 땅을 경멸하지도 않습니다. 그는 이 땅을 사랑하는 사람입니다.

둘째, 신의 죽음을 확신하는 사람입니다. 그는 유토피아가 환상에 불과하다는 것을 잘 알고 있으며, 그렇기 때문에 이 땅에서 살아가려 합니다. 자기 자신이 이 세계의 한 부분임을 잘 알고, 삶의 모순까지 견딜 줄 아는 사람입니다.

셋째, 영원한 회귀의 사상을 깨닫는 사람입니다. 존재의 수레

바퀴는 영원히 윤회합니다. 모든 것은 무한한 시간 속에서 흘러
갔다가 되돌아옵니다. 바로 이 사상을 깨닫는 사람이 위버멘쉬
입니다.

결국 위버멘쉬는 현재의 자기를 벗어나 본래의 자기 자신을
회복하는 것, 즉 참된 자유를 완성하는 사람입니다. 지금 우리
가 살아가는 대지에서 참된 자기, 즉 진정한 자기 자신을 회복
하여 인간의 불완전성이나 한계를 뛰어넘는 존재입니다.

이러한 니체의 철학과 사상은 후대에 큰 영향을 끼쳤습니다.
니체는 1940년대에 서양철학을 발전시킨 철학자로 평가받았고,
1960년대에 프랑스에서는 19세기의 최고 철학자로 인정받았습
니다. 이후 니체의 사상은 철학 이외에도 사회학, 신학, 심리학,
문학, 음악, 미술에 이르기까지 다양한 분야에서 받아들여졌습
니다.

음악계에서는 지금까지 약 219명의 작곡가가 420개 작품에서
니체의 책이나 시에 음악을 붙여 작곡했습니다. 일례로 리하르
트 슈트라우스는 니체의 책 제목을 그대로 제목으로 붙인 '차라
투스트라는 이렇게 말했다'를 작곡했습니다.

미술계에서는 '차라투스트라-양식'이 출현했고, 움베르토 보
초니, 지노 세베리니, 카를로 카라, 루이지 루솔로, 자코모 발라

등 이탈리아 미래주의 화가들은 니체 사상의 영향을 받아 많은 작품을 내놓았습니다.

무용계에서는 현대무용을 창시한 이사도라 덩컨이 니체를 '최초의 춤추는 철학자'라고 부르며 《차라투스트라는 이렇게 말했다》를 평생 자신의 침대 곁에 놓고 읽었습니다.

문학계에서는 하인리히 만, 토마스 만, 헤르만 헤세, 조지 버나드 쇼, 앙드레 말로, 니코스 카잔차키스 등 기라성 같은 작가들이 니체의 사상에 영향을 받았습니다.

《차라투스트라는 이렇게 말했다(Also sprach Zarathustra)》는 어떤 책?

《차라투스트라는 이렇게 말했다(Also sprach Zarathustra)》는 독일의 철학자 프리드리히 니체의 철학 소설입니다. 니체는 이 책에 대해 "자신이 인류에게 보낸 가장 위대한 선물"이라고 일컬었습니다. 이 책은 현대 문명의 허무주의와 퇴폐주의를 강력히 비판하면서, 우리는 삶이 끊임없이 되돌아오는 운명에 처해 있으므로, 이러한 운명을 긍정하고 사랑해야 한다고 주장합니다. 그렇게 해야 우리 개개인은 의지를 발휘하여 허무주의를 뛰어넘을 수 있는 초인, 즉 위버멘쉬가 될 수 있습니다.

이 책에서 니체는 자신의 분신이자 주인공인 차라투스트라를 통해 여러 메시지를 전합니다. 차라투스트라는 "진정한 고독은 혼자일 때가 아니라, 둘이 있어도 외로울 때 찾아온다. 누군가와 잘 지내기 위해 자신의 자아를 무시하면 결국 자기 자신을 잃어 버리게 된다. 모두에게 사랑받는 사람이 되려 애쓰지 말고 혼자 서도 충분히 살아갈 수 있는 개인의 삶을 살아가라"고 합니다.

그런데 이 책은 오늘날의 우리가 읽기에는 어려운 대목이 많습니다. 니체의 철학과 사상을 제대로 이해하는 것이 그리 쉽지는 않으니, 이 책의 완역본을 모두 읽는 것은 결코 만만치 않습니다. 니체의 다른 저작들 역시 쉽게 이해할 수 없는 것은 매한가지지만 이 책의 문장들은 니체 특유의 비유와 상징으로 쓰였기 때문에 잘 안 읽히고 완독이 쉽지 않습니다.

그래서 이 책 《하루 한 장 내 삶에 새기는 니체》는 오늘날에 쓰이는 쉬운 우리 말 위주로 풀어썼고, 《차라투스트라는 이렇게 말했다(Also sprach Zarathustra)》에서 핵심적인 문장들만 선별해 소개했습니다. 또 책의 전체 내용이 기승전결로 이어지도록 구성했습니다. 이 책에 소개된 촌철살인 문장들만 읽어도 한 권의 책을 읽는 것과 같은 감동을 누릴 수 있을 것입니다.

Friedrich Nietzsche
Also sprach Zarathustra

1.

강이 아니라 바다가 되라

인간은 하나의 오염된 강이다.
오염된 물을 받아들일 수밖에 없는
운명을 걸머졌지만 자신을 오염시키지 않으려면
강이 아니라 바다가 되어야 한다.

2.

삶은 위태롭지만
인간은 위대하다

인간은 동물과 초인 사이에 놓인 하나의 밧줄이고,
깊은 못 위에 놓인 밧줄이다. 그 밧줄을 타고 건너는
것은 위태롭고, 뛰어넘는 순간도 위태롭고, 뒤돌아보는
것도 위태롭고, 그 위에 머물러 있는 것도 위태롭다.
인간이 위대한 이유는 그의 삶이 하나의 밧줄 같은
다리일 뿐 어떤 목적이 아니기 때문이다.
인간이 사랑스러운 이유는 그가 다리를 건너가는
존재이자 깊은 못으로 몰락하는 존재이기 때문이다.

3.

성장하는 사람은
상처받아도 즐겁다

상처를 받고서도 영혼의 깊이를 잃지 않으려 하며,
사소한 것들을 체험하더라도 자기 자신을 새롭게
만들어가는 사람을 나는 사랑한다. 그런 사람은
자신을 성장시키는 다리를 건널 수 있기 때문이다.

4.

춤추는 별을 낳으려면
혼돈을 품어라

자신을 성장시키는 활시위를 당기는 법조차 잊어버린
인간이 안타깝다. 인간이 성장하기 위해서는,
춤추는 별을 낳기 위해서는 자신 안에
혼돈을 품어야 한다.

5.

자신과 화해하지 못하면
잠들지 못한다

잠을 자기란 쉬운 일이 아니다. 낮 동안에 열 번이라도
자기 자신을 이겨내야 한다. 그래야 심한 피로감을
느끼고, 영혼이 쉴 수 있다. 낮 동안에 열 번이라도
자기 자신과 화해해야 한다. 자기 자신과 화해하지
않는 사람은 좀처럼 잠들지 못한다. 낮 동안에 열 번
이라도 큰 소리로 웃고 쾌활해야 한다. 그렇지
않으면 고통의 아버지가 위통을 일으켜 잠자리에 든
그대를 괴롭힐 것이다.

6.

인생은 무거운 짐을
짊어지는 것

인생은 무거운 짐을 짊어지는 것이다. 그렇다고 해서
의기소침해서는 안 된다. 우리 모두는 무거운 짐을
씩씩하게 짊어지는 힘센 당나귀이기 때문이다.

7.

우리를 뒤흔드는 것은
눈에 보이지 않는다

나무를 아무리 흔들려고 해도 내 힘으로는 흔들리지
않을 것이다. 그러나 우리 눈에 보이지 않는 바람은
나무를 괴롭히고, 마음먹은 방향으로 얼마든지
흔들 수 있다. 우리를 가장 괴롭히고 가장 심하게
뒤흔드는 것은 눈에 보이지 않는 손이다.

8.
자신을 숨김없이 드러내면
상대가 불편해진다

자신을 조금도 숨김없이 적나라하게 드러내면
오히려 상대를 불편하게 만든다. 자신의 벌거숭이
모습을 상대에게 보여주는 셈이기 때문이다.

9.

작은 복수라도 하는 것이
인간적이다

복수를 전혀 하지 않는 것보다 작은 복수라도 하는 것이
너무나 인간적이다. 자신의 옳음을 고집하는 것보다
자신의 잘못을 인정하는 사람이 훨씬 인간적이다.

10.

오랫동안 사랑받으려면
떫은맛도 보여줘라

자신의 맛이 가장 좋을 때 상대에게 자신을
맛보이지 말라. 오랫동안 사랑받는 사람들은
이러한 이치를 잘 알고 있다. 시큼하고 떫은 사과를
생각해 보라. 사과는 가장 맛이 좋아지는 가을
마지막 날까지 기다려주기를 바란다. 하지만
사과는 맛있게 익음과 동시에 노랗게
변해 버리고 시들어 버린다.

11.

친구가 나에게
악행을 저질렀다면

만일 친구가 그대에게 악행을 저질렀다면

이렇게 말하라.

"나는 네가 나에게 저지른 악행을 용서할 거야.

하지만 네가 네 자신에게 저지른 악행을 내가 무슨

재주로 용서할 수 있겠니?"

12.

정상이 아니라 비탈에 섰을 때
조심하라

위험한 것은 정상이 아니라 비탈이다! 시선은
아래쪽으로 던지고 손은 위쪽을 움켜잡는 비탈,
거기에서 마음은 이중성을 나타내어 현기증을
일으키게 되는 것이다. 아, 친구들이여,
자기 마음의 이중성을 깨달을 수 있겠는가?

13.

나를 속이는 사람에게
속아 넘어가도 괜찮다

나를 속이는 사람들을 경계하지 않기 위해 그들에게
속아 넘어가도록 내버려 둬라. 이것이 나의
첫 번째 처세의 지혜이다. 만일 내가 인간들을
경계한다면, 인간들은 내 자신을 높이 날아오르게만
하는 기구의 닻이 되어주지 못할 것이다.
닻이 없다면 나의 기구는 가볍게 위로 올라가
너무나 쉽게 사라져 버릴 것이다.

14.

자부심이 강한 사람보다
허영심이 강한 사람이 불쌍하다

나는 자부심이 강한 사람들보다 허영심이 강한
사람들을 더 가엾게 여긴다. 이것이 나의 두 번째
지혜다. 허영심에 상처를 받게 되면 모든 비극이
시작된다. 반면에 자부심에 상처를 받게 되면
반드시 자부심보다 더 훌륭한 무언가가 생기는 법이다.

15.

위대한 것은 수행하는 것보다
명령하는 것이 어렵다

모든 사람들에게 가장 필요한 사람은 누구일까?

그것은 위대한 것을 명령하는 사람이다.

위대한 것을 수행하는 것은 어려운 일이다.

그러나 그보다 더 어려운 일은

위대한 것을 명령하는 것이다.

16.

인간이 받는 고통만큼
큰 것은 없다

인간은 가장 용감한 동물이다. 인간은 용기로써 모든
동물을 지배해 왔다. 인간은 용기의 검을 휘둘러
모든 고통을 극복해 왔다. 그러나 인간이 받는
고통만큼 큰 고통은 없다.

17.

자기 자신을 깨닫기 위해
늘 깨어 있어라

폭풍이 바다 한가운데로 몰아치고 산맥의 긴 코가
물을 들이마시는 곳, 나무들은 그곳에서 자기 자신을
시험하고 깨닫기 위해 밤과 낮을 지키는 파수꾼이
되어야 한다.

18.

삶은 우연이 아니라 의지가
만들어내는 음식

나는 신을 모독하는 차라투스트라다. 나는 어떤
우연이 찾아오더라도 내 의지의 솥에 넣어서 삶는다.
그리하여 우연이 그 속에서 잘 삶아지면 비로소 나는
그것을 나의 삶이라는 음식으로 기쁘게 맞이한다.

19.

고독을 즐겨야 더 먼 곳을
볼 수 있다

인간들 사이에 섞여 살 때는 인간에 대해 제대로
알지 못한다. 모든 인간에게는 너무나도 많은
전경(前景), 눈앞의 것들만 보이기 때문이다.
인간들 사이에 섞여 살면서 먼 곳을 바라보려
하더라도 눈앞의 것들만 보이니, 무슨 소용이 있겠는가!

20.

자기 자신을 사랑하는
법을 배워라

인간은 자기 자신을 사랑하는 법을 배워야 한다.
건강하고 건전한 사람으로서 자기 자신에게
닥치는 것들을 견뎌내고, 이리저리 흔들리지
않기 위하여!

21.
삶이 힘든 것은 무거운 짐을 짊어지기 때문

우리는 우리에게 주어진 것을 어깨에 짊어지고 험한
산을 힘들게 오른다. 그리하여 우리가 땀을 흘리면
사람들은 우리에게 이렇게 말한다.
"그렇다. 삶은 무거운 짐이다!"

22.

가장 무거운 짐은 인간 자신의
어리석음

인간에게 가장 무거운 짐을 싣게 하는 것은 오직
인간 자신의 어리석음이다. 인간의 어리석음은 남의
것들을 자기 어깨에 많이 짊어지게 한다. 인간의
어리석음은 낙타처럼 무릎을 꿇고 미련할 정도로
잔뜩 짐을 싣게 한다.

23.

날아오르기를 바란다면
일어서는 것부터 배워라

언젠가 날아오르기를 바란다면 먼저 일어서는 것,
걷는 것, 달리는 것, 뛰어오르는 것, 기어오르는 것,
춤추는 것을 배우지 않으면 안 된다.
처음부터 날아오르기를 배울 수는 없다!

24.
소중한 것은 가까이에서는
안 보인다

높은 돛대 위에서 반짝이는 것은 사실 작은 불빛에
지나지 않지만 표류하는 선원들이나 조난을 당한
사람들에게는 큰 위로가 되는 것이다.

25.

원하는 것이 이루어지지
않는 이유는?

자기 자신에게 명령하지 못하는 사람은
다른 사람에게 복종당할 수밖에 없다.
많은 사람들이 자기 자신에게 명령할 수는 있지만
자기가 명령한 것에는 복종하지 못한다.
그것이 바로 자기 의지를 행동으로
옮기지 못하는 이유다.

26.

공짜로 주어진 삶은 없다

고귀한 영혼을 지닌 사람은 그 무엇도 아무런
대가없이 무상으로 소유하려 하지 않는다.
특히 삶이라면 더더욱! 천민의 근성을 지닌 사람은
거저 살기를 원한다. 그러니 삶으로부터 삶 자체를
부여받은 우리는 삶에 보답하기 위해 어떻게
살아가야 하는지를 생각해야 한다.

27.

구역질이야말로
세상을 사는 지혜다

세상에는 많은 오물로 가득 차 있다. 그렇다고
해서 세상 자체가 오물로 가득 찬 괴물이라고
말할 수는 없다. 세상의 많은 것들이 악취를
풍기더라도 그 속에서 지혜를 발견할 수 있기
때문이다. 구역질이야말로 날개를 창조하고 물을
찾아내는 능력을 만드는 것이다. 가장 훌륭한
사람은 자신의 내부에도 구역질을 일으키는
그 무엇이 존재한다.

28.
성급한 결혼은 파혼을 부른다

결혼이 나쁜 결합이 되지 않도록 조심하라!

우리는 너무 성급하게 결혼한다. 그래서 파혼이

뒤따르는 것이다. 왜곡되고 기만에 가득 찬

결혼생활을 유지하기보다는 파혼하는 것이 더 낫다!

어떤 여자가 나에게 이렇게 말했다.

"나는 결혼생활을 파괴했어요. 그렇지만

그에 앞서서 결혼생활이 먼저 나를 파괴했어요!"

29.
모든 것은 되돌아온다

모든 것이 떠나고 모든 것이 되돌아온다.
존재의 수레바퀴는 영원히 회귀하는 것이다.
모든 것이 죽고 모든 것이 새로 태어난다.
존재의 세월은 영원히 계속되는 것이다.

30.

빛이 보이거든
빛 속으로 가라

만일 일찍이 내 자신의 머리 위에 조용한 하늘을
펼쳐 놓고 내 자신의 날개를 통해 나의 하늘 속으로
날아갔다면, 만일 내가 자유롭게 빛이 있는 깊숙한
곳으로 헤엄쳐 갔다면, 그리하여 새의 지혜가
나의 자유로움을 찾아왔다면, 결국 새의 지혜를
들려줄 것이다. "보라! 위도 없고 아래도 없다.
마음껏 날뛰어라. 밖으로, 뒤로. 그래, 유쾌한 자여!
노래하라! 더 이상 말하지 말라!

31.
현재 살아가는
세상을 사랑하라

가장 조용한 항구를 찾아든 배처럼,

지금 나의 영혼은 오랜 항해와 변덕스러운 바다에

지쳐 대지에 기대고 있다. 이렇게 지친 배가

대지에 기대에 있을 때, 대지에 기댄 채

정박해 있을 때, 그때에는 거미가 그 배와

대지를 잇는 거미줄을 치는 것도 큰 위안이 된다.

그보다 더 튼튼한 밧줄은 필요 없다.

우리가 현재 살아가는 현실세계,

이 대지를 사랑하라.

32.

용감한 사람은 두려움을 알되
두려움을 지배한다

용감한 사람은 두려움을 알되 두려움을 지배하며,
심연을 들여다보되 긍지를 가지고 들여다본다.
심연을 들여다보되 독수리의 눈으로 들여다보는 사람,
독수리의 발톱으로 심연을 움켜잡는 사람이
참으로 용기 있는 사람이다.

33.
능력 이상의 것을
바라지 말라

능력 이상의 것을 바라지 말라!

자기의 능력이 미치지 않는 일을 하려는 사람의

주위에는 늘 사악한 속임수가 따르게 마련이다.

특히 위대한 일을 하려고 할 때는 더욱 그러하다.

그리하여 마침내 스스로를 기만하고,

간사한 말과 가장된 능력과 위선에 찬 행위로

장식된, 겉만 그럴싸한 벌레와 같은

인간이 되어버리는 것이다.

34.

높이 올라가고 싶다면
두 다리로 올라가라

만일 그대가 높이 올라가기를 바란다면,

그대 자신의 두 다리로 올라가라!

결코 무언가에 몸을 실어 올라가지 말고,

다른 사람들의 등이나 머리에 올라타지도 말라!

35.

실패했더라도 실패자가 되는 것은 아니다

그대들이 시도했던 큰일이 실패했다고 해도,

그것이 그대들이 실패자임을 뜻하는 것일까?

그리고 설사 그대들이 실패자가 되었다고 해도,

그것이 모든 인간이 실패자임을 뜻하는 것일까?

모든 인간이 실패자가 되었다고 해도, 나쁘지는 않다!

그대들의 내부에서 실패를 이겨내려는 몸부림,

인간의 미래가 몸부림치고 있지 않은가?

36.

불행한 바보보다
행복한 바보가 되라

불행한 바보보다 행복한 바보가 되는 편이 낫고,

절뚝거리며 걷는 것보다 서툴지만 춤추는 것이 낫다.

최악의 사물조차도 춤출 수 있는 좋은 다리를

가지고 있다. 그러므로 배워라.

그대 자신의 다리로 춤추는 법을!

37.

나쁜 길로 유혹하는 사람에게
속지 말라

그대들을 가장 기쁘게 하는 사람은 위험에서
구해 주는 사람이 아니라 그대들을 나쁜 길로
유혹해서 그대들이 가고자 하는 길에서
벗어나게 하는 사람이다.
이러한 사람에게 속지 말라.

38.

편한 길보다
꾸불꾸불한 길을 걸어라

진정한 현자는 꾸불꾸불한 길을 걷고 싶어 한다.
차라투스트라가 그 증거다!

39.

가장 순결한 사람이
세상을 지배한다

가장 순결한 사람이 세상을 지배할 수 있다.

가장 덜 알려진 사람, 가장 강한 사람,

낮보다 밝고 한밤중보다 깊은 영혼을 지닌

사람이 세상을 지배한다.

40.

모든 것이 얽혀 있는
세상을 사랑하라

그대들이 한 번 일어난 일이

다시 일어나기를 바란다면, 그대들은

모든 것들이 다시 돌아오기를 원하고 있는 것이다.

모든 것들이 새롭고, 모든 것들이 영원하기를,

모든 것들이 고리로 연결되고, 실로 매듭지어지고,

사랑으로 얽혀 있기를 그대들은 원했던 것이다.

오, 그대들은 그렇게 세상을 사랑한 것이다.

41.
세계를 영원히 사랑하라

그대, 영원한 자들이여!
세계를 영원히, 언제나 사랑하라.
심지어 고통을 향해서도 당당하게 말하라.
"사라져라. 그러나 되돌아오라!"

일상과 이상을 이어주는 책 **일상이상**

하루 한 장 내 삶에 새기는
니체
© 2024, 일상과이상

초판 1쇄 찍은날 2024년 7월 30일
초판 1쇄 펴낸날 2024년 8월 7일

펴낸이   김종필
펴낸곳   일상과 이상
출판등록   제300-2009-112호
주소   경기도 고양시 일산서구 후곡로 10 910-602
전화   070-7787-7931
팩스   031-911-7931
이메일   fkafka98@gmail.com

ISBN   979-11-94227-00-7 (03190)